Marco Bissi

Direttore finanziario di te stesso

Indice

Introduzione

Se nelle scuole si insegnassero elementi di gestione finanziaria personale, sicuramente avremmo persone che ricorrerebbero meno al debito e che potrebbero essere più realizzate dal punto di vista finanziario.

Questo libro nasce nel tentativo di colmare una lacuna nella cultura della gestione delle proprie finanze personali. A parte qualche percorso di studio ad indirizzo ragionieristico e/o economico, nessuno inserisce elementi di gestione delle finanze in un programma di studio alle scuole superiori.

Per ovviare a questa mancanza ho scritto questo libro la cui impostazione rispecchia il criterio per gestire la propria finanza personale allo stesso modo di come un direttore finanziario o imprenditore farebbe per la propria azienda.

Ciò che funziona per le aziende funziona anche per la tua impresa. Qualche altro autore l'ha definito la: "You.Inc".

CAPITOLO 1

Mission, obiettivi e piano di azione

Mission

Come fanno le aziende così dobbiamo fare noi. Alcune nascono per fare soldi, altre nascono per seguire altri scopi, noi dobbiamo nascere con un preciso scopo.

Definire i perche'

Come fanno le aziende così dobbiamo fare noi. Dobbiamo definire uno scopo. Dobbiamo definire prima il "perché".

Questi "perché" ci serviranno come guida futura e potranno sempre essere integrati in seguito con altri "perché" nel caso ne avessimo tralasciati qualcuno.

Le considerazioni fatte in questa fase saranno utili in futuro quando potremmo perdere la rotta. Rileggendole ci faranno ritornare alla via iniziale.

Se trovi difficile pianificare a lungo termine allora prova ad utilizzare le tre "Kinder's questions", le tre domande che il dott' Kinder poneva ai suoi clienti.

- **Domanda 1.** Immagina di essere finanziariamente sicuro. Possiedi abbastanza denaro per questo momento e per il futuro. Come vorresti vivere la tua vita? Vorresti cambiare qualcosa nella tua vita? Lasciati andare nella descrizione dei tuoi sogni. Cosa vorresti fare dei soldi senza avere obiettivi?

- **Domanda 2.** Adesso immagina che il tuo medico ti dica che hai rimasto solamente 5 anni di vita senza sapere il momento esatto della tua morte. Cosa faresti del tuo tempo rimanente? Come vorresti cambiare la tua vita? Cosa vorresti fare? (Questa domanda non fa riferimento ad una ricchezza illimitata).

- **Domanda 3.** Alla fine immagina che il medico ti dica che hai rimasto solamente 24 ore di vita. Niente ormai può essere più fatto, domani morirai. Quali sentimenti nasceranno pensando alla morte? Cosa ti mancherà'? Cosa non e' stato fatto? Cosa avresti voluto fare?

Queste domande aiutano ad impostare i nostri obiettivi.

Impostare gli obiettivi

Quando hai una chiara direzione e' facile impostare gli obiettivi in modo che incontrino la tua mission.

La mission provvede a definire lo scopo, e gli obiettivi servono a rafforzarlo; aiutano a rimanere focalizzati e guidano le azioni verso il raggiungimento dell'obiettivo.

Quando imposti gli obiettivi segui questi consigli di Sonja Lyubomirsky. Gli obiettivi devono essere:

- **Intrinseci**. Devono provenire da te e non devono essere dettati dall'ambiente esterno.

- **Positivi**. Devono essere rivolti ad ottenere risultati positivi e non negativi.

- **Armoniosi**. Devono poter essere in armonia con l'ambiente e con gli altri. I conflitti determinano una perdita di energia.

- **Flessibili**. I tuoi obiettivi si evolvono con il tempo, le priorità cambiano. Devi essere predisposto ad affrontare dei cambiamenti.

- **Orientati ai cambiamenti**. Ad esempio, nel caso in cui tu voglia perdere peso e' meglio porsi degli obiettivi nei quali ti eserciti ogni giorno (un'azione che puoi controllare) piuttosto che impostare degli obiettivi di perdere un determinato peso (il risultato potrebbe essere fuori dal tuo controllo).

Gli obiettivi possono essere suddivisi in:

- Obiettivi a breve termine.

- Obiettivi a medio termine.

- Obiettivi a lungo termine.

- Obiettivi in corso.

Sviluppare un piano di azione

Gli imprenditori sviluppano per i loro affari dei business plan.

Anche tu dovrai fare lo stesso, solo che anziché farli così dettagliati dovrai renderli più semplici.

Per determinare un tuo piano di azione ti serviranno dei fogli di carta ed un po' di tempo.

1) Il primo foglio di carta costituirà **l'indice**. Impiega del tempo per farlo il più dettagliato e verosimile possibile.

3) Poi usa **un foglio di carta per ogni obiettivo**, lega gli obiettivi a delle date e a delle milestones (date limite o scadenze). Alla fine di ogni obiettivo bisogna inserire il "passo successivo". Cioè il mio prossimo passo dopo questo obiettivo sarà .....

4) Dopo avere fatto questo per ogni obiettivo raggruppa tutto quanto in una pila e dividi gli obiettivi per breve termine, medio termine, lungo termine e in corso.

Agire

Il successo richiede più di un solo sogno. Infatti il più importante ingrediente del successo e' l'azione.

Il seguito del libro tratterà gli strumenti e le tecniche per gestire la propria vita e il proprio business.

CAPITOLO 2

Migliorare il processo

Come organizzare il tuo tempo

Nel libro "The millionarie next door" l'autore ha notato che i due terzi delle persone milionarie avevano in comune una cosa. Essi tenevano sempre sotto controllo le loro finanze, spendevano buona parte del loro tempo a pianificare il futuro delle loro finanze. Vale sempre la massima che dice:

"A qualsiasi cosa tu dedichi tempo e attenzione questa migliorerà"

Quindi e' bene pianificare del tempo con sè stessi per definire il futuro delle tue finanze e rispettare questi appuntamenti prefissati.

Gli elementi necessari per tenere sotto controllo le tue finanze sono:

1) **Semplicità**. Meno tempo impieghi a gestire le tue finanze e meglio e'. Meno bollette devi registrare e meglio e'. Più facile e' il sistema di comprensione dei tuoi conti e meglio e'. Tieni la tua contabilità il più semplice possibile. Per tenere sotto controllo le tue finanze esistono dei software ad hoc. In commercio ne esistono molti che aiutano a tenere traccia della propria contabilità personale. Personalmente io uso Moneydance ma ve ne sono tantissimi altri. Quando fai la tua scelta in merito al software tieni in considerazione che vi sia la possibilità di potere registrare le spese sia sul programma desktop e sia sul dispositivo mobile così da poter sincronizzare i dati e tenerli sempre aggiornati. Nella peggiore delle ipotesi e' possibile usare il classico foglio elettronico tipo Excel.

3) **Automazione.** Trova un sistema per rendere le operazioni il più automatiche possibile. Questo non significa ignorare le operazioni ma dedicarci solo il tempo minore. Sfrutta il più possibile i pagamenti elettronici che le banche mettono a disposizione, come i pagamenti

delle bollette, oppure paga l'assicurazione dell'auto online, così come il pagamento del bollo auto ed altre operazioni che e' possibile effettuare in automatico.

4) **Routine**. Crea delle routine con le quali controllare la tua contabilità, settimanale, mensile, ecc. Io, ad esempio, uso il calendario di Google nel quale imposto delle ricorrenze settimanali o mensili per le mie routine di controllo, imposto poi la modalità di promemoria che mi avvisa, con delle mail o con dei messaggi, l'attività da compiere. Allo stesso modo imposto lo scadenzario nel quale riporto le scadenze (abbonamenti, sottoscrizioni, contratti, ecc.) con un promemoria che mi avvisa in anticipo sulla data prevista. Tieni gli scontrini e le ricevute fiscali come promemoria e poi una volta registrati nella tua contabilità, se non ti servono per altri scopi (garanzie, deduzioni fiscali, ecc.), gettali (il cestino della carta e' il miglior amico dell'uomo).

Questi tre principi: **semplicità**, **automazione** e

routine, dovrebbero guidare tutte le decisioni che prenderai in qualità di Direttore Finanziario delle tue finanze, ma sono particolarmente preziosi durante la fase organizzativa. Quanto più di queste norme e' possibile integrare nella tua infrastruttura finanziaria, tanto più facile sarà il prosieguo.

La raccomandazione e' quella di dedicare almeno un'ora alla settimana, il sabato pomeriggio o la domenica mattina, e non mancare mai a questo appuntamento.

Inoltre imposta come abitudine quella di registrare tutte le spese giornalmente, in modo da non creare un sovraccarico di lavoro tutto in una volta. Ciò ti aiuterà anche a diventare più consapevole delle spese fatte.

Così come pianifichi le attività da fare o appuntamenti per la settimana entrante verifica anche se vi sono dei pagamenti da effettuare. Questo e' importante per non incorrere in multe o ulteriori aggravi causati da dimenticanze. Per questo e' importante usare dei promemoria calendarizzati che ti permettono di essere sempre nel giusto anticipo.

Queste cose sono semplici ma estremamente importanti; vedrai che, se impostati come una routine, diventeranno molto meno pesanti.

Ricorda: più tempo passi nel controllo della tua contabilità e meglio questa risulterà.

Come organizzare il tuo spazio

Così come ti ritagli del tempo per gestire le tue finanze così devi fare anche per il tuo spazio. Devi trovare uno spazio dedicato al controllo delle tue finanze.

Devi trovare un posto dove radunare i conti, le fatture, le bollette, ecc. Possono essere degli spazi fisici, come faldoni, cartelline, raccoglitori e quant'altro, oppure possono essere spazi elettronici, cartelle del computer o di email.

Ricorda: facendo questo e' possibile ridurre la quantità di carta, salvo solo per quei documenti che devono essere tenuti in originale per un determinato tempo previsto dalle leggi.

Nell'archiviare i documenti puoi scegliere il sistema che più ti si adatta. Tieni presente che, dal punto di vista informatico, e' molto utile archiviare documenti nei cloud come dropbox o altri simili. Quando utilizzi i sistemi di archiviazione informatica fai attenzione a salvare il tuoi documenti su diversi supporti, Backup; questo per evitare la perdita di dati che potrebbe verificarsi sia in maniera accidentale, cancellazioni involontarie sia a causa di rotture del disco rigido, smarrimento o furto del supporto di archiviazione.

Il mio consiglio e' quello di <u>fare un regolare backup su almeno tre supporti diversi</u>.

Altra cosa importante: mantieni il tuo archivio sempre aggiornato eliminando tutta la documentazione precedentemente archiviata che non e' più necessario mantenere in essere.

La legge prescrive dei periodi di archiviazione a seconda del tipo di documenti.

Per quanto tempo vanno conservate bollette, tasse, ricevute, senza correre il rischio di non riuscire a dimostrare l'avvenuto pagamento ma anche per evitare di riempirsi la casa di scartoffie? I termini di prescrizione sono fissati per legge e variano a seconda del tipo di documento.

Ecco un pro-memoria dei tempi minimi di conservazione dei vari documenti che però è sempre opportuno custodire almeno per un anno, meglio due, in più rispetto a quanto stabilisce la legge: talvolta infatti può capitare che i termini di rivalsa da parte di alcuni enti per la pretesa dei pagamenti vengano allungati anche di molti mesi e dunque il rischio è quello di dover pagare due volte perché si è buttata via la ricevuta troppo presto.

- **Abbonamento tv.** 5 anni è il termine di legge, ma una sentenza del tribunale di Torino lo ha esteso a 10 anni.

- **Acquisto di beni ed apparecchiature.** 1 anno (2 anni per gli acquisti da negozianti da parte del consumatore finale).

- **Affitto.** Le ricevute dei pagamenti mensili o trimestrali vanno conservate 5 anni.

- **Alberghi.** 6 mesi. Entro questo periodo, infatti, l'albergatore può chiedere nuovamente il pagamento del conto.

- **Appalti.** 2 anni dalla scoperta del danno per la contestazione di vizi non gravi; 10 anni per i vizi gravi. Le fatture o ricevute degli artigiani vanno conservate per 3 anni.

- **Assicurazioni.** Basta 1 anno dalla scadenza della rata della polizza , salvo altri tempi previsti dal contratto. Ma se le quietanze sono state utilizzate a fini fiscali come capita, per esempio, con le polizze vita, si devono tenere, invece, per 5 anni.

- **Banca.** I bonifici, i pagamenti tramite c/c vanno conservati per 10 anni.

- **Bollette.** Per le fatture di pagamento delle utenze domestiche (acqua, gas, luce, telefono) il termine è di 5 anni dalla data di scadenza del pagamento e ciò vale, per legge, anche se sono saldate con domiciliazione bancaria da cui appare evidente che i precedenti pagamenti sono stati effettuati regolarmente. In questo caso è importante conservare anche gli estratti conto della banca dove viene attestato ogni volta il pagamento. Il termine aumenta se vi sono contestazioni in corso.

- **Bollettino ICI.** Basterebbero 5 anni dall'anno successivo a quello del pagamento ma in tutte le Finanziarie scorse il termine è stato prorogato a 6 anni.

- **Bollo auto.** 3 anni dalla data di scadenza anche se l'autovettura è stata venduta ma una sentenza della Corte di Cassazione ha prorogato il termine di 4 mesi; per questo è meglio conservare il documento per 4 anni.

- **Cambiali.** 3 anni dalla loro scadenza.

- **Contravvenzioni stradali.** Le sanzioni per violazioni al Codice della strada si prescrivono in un quinquennio decorrente, di regola, dal giorno della notificazione del processo verbale di constatazione (articolo 209 del Codice della strada che richiama l'articolo 28 della legge 24 novembre 1981, n. 289) ma fatte salve le cause di interruzione (esempio: notificazione della cartella di pagamento dopo il verbale, ma prima del compimento del quinquennio) la notificazione fa decorrere un altro quinquennio.

Il fermo amministrativo degli autoveicoli per ora è inoperante in quanto prima il Tar Lazio (seconda sezione, ordinanza 23 giugno 2004, n. 3402) e poi il Consiglio di Stato (quarta sezione, 13 aprile 2004, n. 3259) hanno ravvisato l'illegittimità delle norme di esecuzione. La minaccia del provvedimento rimarrà pertanto senza effetti, almeno fino a quando non saranno emanate nuove disposizioni per la disciplina del fermo (Agenzia delle Entrate, risoluzione 22 luglio 2004, n. 92/E).

- **Dichiarazioni dei redditi.** Le ricevute dei pagamenti delle tasse e dell'Iva, degli oneri deducibili e detraibili compresa la detrazione

Irpef del 41% o del 36% si possono "eliminare" solo dopo 5 anni a partire dall'anno successivo a quello della dichiarazione annuale, quindi dopo 6 anni.

- **Documentazione casa.** I documenti relativi alla ristrutturazione della casa con detrazione fiscale (fatture, ricevute, bonifici bancari e tutta l'altra eventuale documentazione comprovante le spese di ristrutturazioni) vanno conservati 5 anni, fino a quando, cioè, non si prescrive il periodo di imposta nel quale sono state sostenute le spese.

- **Estratti conto bancari.** Le banche di solito accettano contestazioni entro i 60 giorni dall'invio, ma si hanno 10 anni di tempo per impugnare l'estratto conto in caso di errori ed omissioni. N.d.r. Da notare che se hai un conto cosiddetto "Home Banking" e' la banca stessa che conserva la documentazione in formato elettronico.

- **Mutui e pagamenti rateali.** 5 anni dalla scadenza della singola rata, anche se è consigliabile prorogare la conservazione fino a 5 anni dopo la scadenza del mutuo o, meglio ancora, per sempre.

- **Scontrini d'acquisto.** Se lo scontrino vale anche come garanzia, va conservato per tutta la durata della stessa.

- **Rate condominiali e di pagamento in generale.** 5 anni.

- **Rette scolastiche.** 1 anno è il periodo di tempo di conservazione delle ricevute per iscrizioni a scuole, palestre private o lezioni.

- **Ricevute spedizionieri e trasportatori.** Vanno tenute per 1 anno (oppure 18 mesi se il trasporto inizia o finisce fuori dall'Europa).

- **Spese condominiali. 5 anni.**

- **Tassa nettezza urbana.** La "prova" del pagamento va tenuta fino al 31 dicembre del quarto anno successivo al pagamento, anche se l'ipotesi più accreditata è di 10 anni.

- **Gli "intoccabili".** Vi sono infine documenti dei quali è opportuno non disfarsi e che è meglio conservare per sempre. Sono: i diplomi scolastici, le lettere di assunzione, di licenziamento o di dimissioni, il libretto di lavoro, le buste paga, gli atti di matrimonio, di separazione e di divorzio, i contratti di affitto, gli atti notarili di compravendita, gli atti di proprietà della casa (mappa catastale, abitabilità, collaudo di opere in cemento armato, autorizzazioni edilizie), le ricevute di pagamento delle rate dei mutui, i contributi previdenziali INPS, i risultati di esami medici, le sentenze di tribunale, le denunce di smarrimento o di furto.

Quanto sopra riportato e' un estratto preso da:
Ufficio Studi Confappi-Federamministratori   http://

www.studio-angeli.it.

Sulla base dell'elenco sopra riportato devi prendere l'abitudine di fare ogni anno un po' di pulizia per mantenere aggiornato e "snello" il tuo archivio.

Come organizzare i conti correnti e di deposito

Dopo avere impostato il tempo e lo spazio dedicato alla gestione delle tue finanze adesso e' il momento di semplificare la tua struttura finanziaria.

A questo punto e' fondamentale creare un elenco di tutti i tuoi conti e verificare quanto essi ti rendano o ti costino e poi verificare se valga ancora la pena mantenerli in vita o chiuderli perché il costo e' maggiore del guadagno.

Minori sono i conti e maggiore e' la possibilità di mantenerli sotto controllo e migliore sarà il risultato che ne ricaverai.

Avere meno conti ti fa risparmiare anche moltissimo tempo per le registrazioni dei dati, archiviazione e gestione dei documenti.

Tenere sempre aggiornati e monitorati i conti

Non sempre quando apri un conto poi le sue condizioni iniziali vengono rispettate nel corso dei successivi anni. Molte persone non fanno un regolare controllo e quindi perdono di vista questo fattore.

Mantieni sempre aggiornato lo stato dei conti con le tue esigenze di vita che possono sempre cambiare nel corso degli anni. Quello che poteva andare bene anni fa non e' detto che possa esserti ancora utile oggi o domani.

Poche ore trascorse per l'ottimizzazione delle spese ricorrenti possono produrre significativi risparmi. Vale la pena impiegare il tuo tempo in un monitoraggio regolare dello stato dei tuoi depositi.

Automatizzare ogni cosa

Il passo successivo per una buona gestione della propria finanza consiste nel rendere tutte le operazioni possibili automatiche. Pagamenti di bollette, assicurazioni e quant'altro e' possibile pagarli in maniera automatica.

Può sembrare una contraddizione rispetto a quanto detto precedentemente in merito a tenere sempre traccia delle proprie spese? Si, ma solo a prima vista in quanto se tieni sotto controllo tutte le spese e hai pianificato quali conti tenere e quali lasciare, allora questa automazione ti risulterà non solo più facile ma ti farà anche risparmiare tantissimo tempo.

Controllare una volta al mese tutti i tuoi conti ti permetterà di avere tutto sotto controllo.

Questa automazione da' inoltre maggiori vantaggi

a chi, magari per lavoro, e' sempre fuori sede e non ha tempo di rientrare per far fronte a ogni pagamento. Esorto tutti a considerare tutte le possibilità che si possono avere a disposizione per automatizzare i propri pagamenti.

Qualcuno potrebbe anche obiettare che questa automazione potrebbe essere onerosa ma, se poi ci pensate bene, andare di persona in un ufficio postale o bancario costa in termini di tempo ed inoltre queste operazioni sono il più delle volte a pagamento.

CAPITOLO 3

Rapporto finanziario

Lo Stato Patrimoniale

E' il primo prospetto finanziario da fare, quello che evidenzia le tue proprietà e i tuoi debiti. Questo prospetto serve a fare la fotografia immediata del tuo stato finanziario.

Primo: fai una lista dei tuoi beni partendo dai conti correnti, investimenti, automobili, casa.

Secondo: fai la stessa cosa con i debiti che hai.

Terzo: alla fine fai la differenza tra quanto possiedi e i debiti che hai contratto.

Crea uno Stato Patrimoniale ogni mese. Questo documento e' il barometro che tiene traccia della tua salute finanziaria ma non ti dice come sei arrivato ad ottenere questi numeri. Per questo e' necessario creare un altro tipo di report: il Conto Economico.

Il Conto Economico

Questo documento misura i profitti e le perdite avuti in un determinato periodo di tempo (mese, trimestre, ecc.). Le voci di spesa devono venire raggruppate per spese simili, ad esempio le spese del supermercato o fruttivendolo possono venire raggruppate in spese alimentari.

Trucco: E' bene iniziare raggruppando il più possibile le categorie e poi in seguito si può andare più in profondità con una ulteriore e dettagliata suddivisione.

Essendo una analisi approfondita e' possibile usare questo report anche per prendere delle decisioni future, fare analisi di budget e impostare degli obiettivi.

Il Valore Netto

Come definito da Joe Dominguez and Vicki Robin nel loro libro "Your Money or Your Life", il tuo Valore Netto e' quello che serve per determinare il tuo stile di vita.

Anche se può sembrare ovvio il Valore Netto deve essere il più elevato possibile e dovrebbe anche crescere con il passare del tempo.

Il Valore Netto atteso può essere calcolato con la seguente formula:

1) Dividi la tua eta' per 10.

2) Moltiplica questo numero per il guadagno lordo annuale.

3) Da questo totale sottrai quanto ricevuto in eredita' o in donazione (entrate "accidentali" che porterebbero a falsare l'analisi).

Il numero finale che si ottiene indica la quantità di denaro che devi possedere. Se il Valore Netto e' allo stesso livello del risultato della formula tu sei un normale risparmiatore, se sei sotto di almeno della meta' del risultato della formula allora non sei un buon risparmiatore, se invece tu sei più del doppio sopra al risultato della formula allora tu sei un prodigio del risparmio.

Il Valore Netto può essere paragonato alla stessa stregua della misurazione del peso di una persona; non offre informazioni complete ma e' utile per individuare una misura del cambiamento con informazioni immediate.

Margine di Profitto

Il Margine di Profitto da' la misura della percentuale di guadagno della tua vita, fornisce la percentuale del tuo risparmio che può essere utilizzato per obiettivi futuri.

Il Margine di Profitto e' il numero vitale per una azienda ed allo stesso modo lo e' per la tua finanza personale. E' il più importante numero di tutta la tua finanza personale.

Trovare questa percentuale e' molto semplice:

Dividi il tuo profitto (entrate nette) per il totale delle entrate.

Margine di Profitto = Profitto/Guadagno.

In pratica serve a determinare il rapporto di quanto riesci a risparmiare sulla base delle tue entrate.

Rapporto di Liquidità'

Questo e' un altro modo (metrica) per avere una idea dello stato delle tue finanze.

Gli esperti finanziari spesso raccomandano di creare un fondo di emergenza tale da garantire una copertura delle spese per almeno sei/dodici mesi.

Questi numeri possono essere espressi attraverso il Rapporto di Liquidità. Per trovare questo numero dividi il valore dei tuoi beni liquidi (compreso quello che potrebbe essere velocemente coperto con del contante) per le tue spese mensili correnti (troverai il tuo asset sullo Stato Patrimoniale e le tue spese sul Conto Economico). Il risultato ottenuto e' il tuo Rapporto di Liquidità, cioè il numero dei mesi per i quali dovrai accantonare denaro sulla base del tuo corrente livello di spesa.

Rapporto di liquidità = Valore dei bene liquidi / Spese mensili.

Revisiona i valori

In questo capitolo hai appreso quali sono i reports che ti servono per gestire e migliorare la tua situazione finanziaria. Questi dati hanno una utilità solamente se utilizzati in maniera efficace. Ogni mese devi dedicare del tempo a monitorare questi elementi o vanificherai tutto il lavoro svolto.

CAPITOLO 4

Il Budget

Devi fare un budget

Come ricordato nel libro "The millionaire next door" gli autori sostengono che le persone diventano milionarie creando budget e controllando le spese.

Dalla loro ricerca si riportano questi punti:

◆   Il 55% circa crea un proprio budget

◆   Il 25% pratica il "Paga te stesso prima". Mettono da parte una percentuale di denaro per il futuro.

◆   Il 20% rimanente ha guadagni così alti che non serve redigere un budget.

I Budget sono molto importanti perché ti permettono di pianificare in anticipo le spese.

Il budget personale segue queste regole:

1)   Un buon Budget deve essere legato ad uno scopo, ogni soldo deve fare un lavoro

specifico; quando imposti un Budget il denaro da raccogliere deve servire per quello scopo, solo per quello scopo, non deve essere poi essere dirottato su altri conti.

2) Il Budget deve servire a coprire i periodi difficili, le emergenze o tutti quei casi della vita che non sono prevedibili a priori. Solo nel caso si presentino delle situazioni difficili, allora tu puoi prendere a prestito il denaro che avevi messo a Budget su altri conti.

3) Il Budget dovrebbe essere costruito sulla base del guadagno dell'ultimo mese. Cioè quello che guadagni in marzo spendi in aprile, ciò che guadagni in aprile spendi in maggio.

Un budget efficiente

Il Budget permette di controllare i soldi e non di essere gestito da loro. Per fare un Budget efficiente si devono seguire delle regole altrimenti si rischia di fare qualcosa che non verra' seguito e quindi di nessuna utilità.

I Budget falliscono per i seguenti motivi:

1) Sono spesso talmente troppo complessi da non essere utilizzati.

2) Non riflettono la realtà perché si fanno previsioni troppo ottimistiche e questo li rende troppo inefficaci.

Per redigere un Budget si può utilizzare il seguente metodo che divide le spese in tre grandi gruppi:

1. **Necessarie**. Sono spese che tu devi affrontare

non importa come. Includono le spese per la casa, salute, trasporti, alimentari, abbigliamento.

2. **Risparmio**. Includono spese per emergenze, eventuali assicurazioni sulla vita, altri investimenti.

3. **Voluttuarie**. Sono ogni altra cosa: abbonamenti a TV digitale, cellulari, animali, vacanze, hobbies, spese alimentari non fondamentali (ristoranti, pizzerie, ecc.). Sono tutte quelle spese non necessarie alla sopravvivenza.

Questa formula si basa sul guadagno netto (già decurtato dalle tasse) e idealmente così suddiviso:

◆ 50% dedicato alle spese necessarie (anche se sarebbe meglio tenerlo più' basso ancora, 35%).

◆ 20% almeno deve essere destinato al risparmio.

◆ 30% può essere speso in cose voluttuarie.

30% Voglie	20% Risparmio
50% Necessita'	

Il solo fatto di riuscire ad applicare questa formula ti fa sentire molto più rilassato, hai creato un automatismo che ti permette di avere tutto sotto controllo.

Questa ripartizione di costi e' quella ideale, puoi pero' adattarla alle tue esigenze. Se guadagni poco, allora e' possibile cambiare le proporzioni e portare ad esempio le spese necessarie fino all'80%.

Infine, non avere un guadagno regolare non e' una scusa per non fare un Budget. Imposta i tuoi conti sempre e comunque sulla base di una stima prudenziale che ti permetta di avere un riferimento il più possibile veritiero. Non e' difficile.

CAPITOLO 5

Il Profitto

Come determinare il profitto

Il Profitto e' la linfa vitale sia per ogni business, sia per la propria finanza personale. La formula per determinare il Profitto e' molto semplice:

Profitto = Guadagno - Spese

Se spendi più di quanto guadagni allora sei in perdita e se stai andando in perdita allora dovrai ricorrere al debito. Al contrario, se spendi meno di quanto guadagni, allora la tua ricchezza migliorerà.

Le aziende che dimenticano questa semplice regola non sono in grado di raggiungere i loro obiettivi; invece di piacere ai loro clienti sviluppano nuovi prodotti trovandosi così in lotta per la sopravvivenza. Un buon Direttore Finanziario mira a mantenere e massimizzare la redditività invece di creare altri capitoli di spesa.

Così come le aziende, anche le persone hanno bisogno della redditività.

Quanto deve essere il profitto

La percentuale del guadagno destinato al risparmio e' l'elemento principale della finanza personale.

Il profitto rimuove il muro delle preoccupazioni e ti garantisce il controllo della tua vita.

Ma quanto profitto ti serve? Molti consulenti di finanza personale suggeriscono di mettere a risparmio il 10% delle proprie entrate, il 20% sarebbe ancora meglio.

Il Margine di Profitto deve essere correlato ai tuoi obiettivi finanziari, e quindi anche la percentuale di risparmio deve essere corrispondente a queste finalità. Quindi e' quanto mai ovvio che salvare il 20% delle proprie entrate contro il 10%, permette di raddoppiare la possibilità di raggiungere quanto prefissato.

Punta alle grandi vittorie

I migliori percorsi di profitto sono quelli che forniscono una combinazione di bassa difficoltà e alto rendimento.

Questa griglia può aiutarti a visualizzare il concetto:

	A l t a difficoltà	**B a s s a difficoltà**
A l t o guadagno	Progetti in corso	G r a n d i vittorie
B a s s o guadagno	Vittorie di Pirro	V i t t o r i e giornaliere

N.B.

Avrai maggiori successi finanziari se ti concentrerai su attività che offrono alti guadagni e bassa difficoltà.

- Le **vittorie di Pirro** sono attività che richiedono molto tempo e sforzi senza provvedere ad una adeguata entrata. Un esempio potrebbe essere quello di affittare un grande ufficio con spazi maggiori di quelli che servono in realtà.

- I **progetti in corso** invece richiedono un sacco di tempo e di sforzi con una spesa enorme alla fine del progetto. Si potrebbero inserire in questo gruppo il cambiare carriera, prendere un'altra laurea, ecc.

- Le **vittorie giornaliere** sono il pane quotidiano per la finanza personale e consistono in facili e veloci azioni che producono piccoli premi. Consistono in attività come: fare dello straordinario, risparmiare con i coupons, risparmiare attraverso la presa in prestito di libri alla biblioteca comunale, ecc. Sono vittorie utili ma che richiedono molto tempo per raggiungere i propri obiettivi.

- Le **grandi vittorie** sono il Santo Graal della finanza personale; sono quelle che permettono di aumentare il vostro tasso di risparmio.

Consistono nel vivere più semplicemente tagliando i costi inutili, negoziare il proprio salario, investire il proprio tempo e denaro in attività che danno maggiori risultati come adottare uno stile di vita più sobrio.

La propria finanza personale migliora lavorando su tutti e quattro i quadranti, ma e' bene tenerli separati non mischiandoli fra di loro.

<u>Le grandi vittorie rappresentano il più veloce e il più facile metodo per incrementare il profitto, anche se facile non significa senza sacrificio.</u>

Nelle prossime due sezioni ci saranno suggerimenti su alcuni metodi utili a tagliare le spese generali e aumentare il reddito.

CAPITOLO 6

Panoramica dei costi

Analisi dei principali costi

Se hai iniziato a tenere traccia delle tue spese, dopo un certo periodo avrai una panoramica generale e comprenderai come le spese sono suddivise, così da poter intervenire nelle giuste aree.

Nella maggior parte dei casi la suddivisione delle spese generalmente si può essere ripartita in queste percentuali.

Tipo di spesa	% di incidenza
Abitazione	33%
Alimentazione	13%
Trasporti	17%

Accantonamenti pensionistici	10%
Salute	7%
Svago e divertimenti	5%
Abbigliamento e cura della persona	5%
Spese varie	10%

L'impiego maggiore del denaro riguarda l'abitazione (affitto, mutuo, acquisto della casa) alimentazione e trasporti. Ci possono essere innumerevoli possibilità di risparmiare denaro solamente intervenendo su queste tre aree.

Paga meno per la casa

Le spese per l'abitazione costituiscono il maggior esborso per la maggior parte delle persone.

Quando vi sono problemi con la propria finanza personale le spese per l'abitazione sono il primo settore nel quale intervenire. A differenza pero' delle altre spese, dove e' più semplice intervenire tagliando direttamente il costo, (ad esempio e' molto più semplice tagliare le spese per andare a vedere un film), per l'abitazione e' molto più difficile risparmiare.

Le due principali domande che le persone si pongono sono: quanto dovrei spendere per un alloggio? E' meglio affittare o acquistare?

Quanto spendere per l'abitazione

Dovunque, in tutto il mondo, ci sono persone, banche, immobiliaristi, ecc., che spingono affinché le persone spendano il più possibile per l'abitazione.

Gli uomini d'affari, pero', spendono meno del 5% in questo settore di spesa perché sanno benissimo che diversamente una percentuale maggiore li renderebbe poveri.

Per stimare quanto ci si può permettere di pagare per una casa, si usa comunemente il: **rapporto debito-reddito** che misura quanta parte del reddito va verso il pagamento del debito mensile.

Questo rapporto e' calcolato dividendo il debito mensile per il reddito lordo.

Per esempio, se per il pagamento di tutte le spese una persona spende 1000€ a fronte di entrate di 1500€ mensili, allora il rapporto debito-reddito e' del

67%; <u>minore e' meglio e'</u>.

Fino a qualche anno fa le banche utilizzavano, per concedere i mutui immobiliari, il rapporto del 25%; al di sotto non c'erano problemi di concessione del mutuo, al di sopra invece il contrario.

Man mano che passavano gli anni le banche hanno aumentato questo rapporto fino a creare le attuali problematiche.

Lo stesso rapporto di debito-reddito viene utilizzato dai proprietari di immobili per valutare la possibilità di affittare il proprio bene.

Come abbiamo visto in precedenza, se destiniamo il 50% delle nostre entrate nelle spese e invece ne spendiamo il 33% solo nell'abitazione, allora i conti non tornano.

<u>I migliori consulenti quindi raccomandano di non spendere più del 25% delle proprie entrate per le spese abitative (meglio sarebbe spendere il 20%).</u> Meglio ancora arrivare al 15%.

Risparmiando sulle spese dell'alloggio ti puoi permettere di sostenere le spese per i tuoi obiettivi.

In affitto o comprare?

C'e' un continuo bombardamento di informazioni che ti inculca il mito che pagare un affitto significa buttare i soldi dalla finestra. In realtà le cose sono un po' diverse.

Bisogna tenere in considerazione che, acquistando un immobile, si devono comunque sostenere delle spese come quote di future manutenzioni e che, con il passare degli anni, il valore dell'immobile si abbasserà per un fattore di vetusta'. Un'altra considerazione, non prettamente finanziaria, consiste nella maggiore libertà di poter cambiare casa a causa di modifiche dello stato familiare o per esigenze di lavoro.

Non sempre quindi acquistare un immobile rappresenta un investimento. Di seguito si riporta una formula che può aiutare nel prendere una decisione tra acquistare un immobile o invece vivere in affitto.

La **formula Prezzo/Affitto** si calcola in questo modo:

P/A = Prezzo di vendita/Affitto annuale.

Per applicarla e' necessario trovare due immobili similari, uno con un prezzo di vendita ed un altro con un prezzo di affitto e poi confrontare i valori dividendoli tra di loro. Maggiore e' il risultato della formula e maggiore dovrebbe essere la scelta rivolta all'affitto.

Se il rapporto e' inferiore a 15 la scelta migliore dovrebbe essere quella indirizzata all'acquisto.

Se il valore supera invece 20 allora e' più indicato l'affitto.

Come risparmiare sull'affitto

Quando si incontra un proprietario di casa si può fare una ricerca nella zona per vedere quali sono gli altri prezzi di affitto praticati e mostrargli i più bassi provando a farlo scendere sotto la cifra richiesta. Oppure si può chiedere di avere un mese di affitto gratis o di abbassare il prezzo dell'affitto in cambio di un contratto con durata maggiore. Creati una lista con una serie di opzioni da contrattare in cambio di concessioni. Maggiori sono le opzioni che riesci a proporre e maggiori sono le possibilità di ottenere buoni contratti.

E' anche possibile risparmiare sul prezzo di affitto provando a sub affittare ad altre persone per poter dividere le spese, oppure si può subaffittare per determinati periodi dell'anno. Il web sta mettendo a disposizione sempre più strumenti che ampliano la gamma delle scelte e quindi le possibilità di risparmio.

Come risparmiare comprando un immobile

C'e' un detto: "l'affare si fa quando si compra, non quando si vende". Quando si acquista un immobile bisogna cercare sempre di trovare il modo di comprarlo al prezzo più basso. Generalmente, maggiore e' la superficie di un immobile e minore e' il prezzo al metro quadrato. In sostanza, in proporzione, costa di meno un immobile di grandi dimensioni rispetto ad uno di dimensioni minori.

Risparmiare acquistando un immobile non consiste solo in questo ma soprattutto un immobile deve rispondere alle reali necessita' del futuro proprietario. Se compri un immobile di dimensioni maggiori rispetto a quanto ti serve, allora pagherai di più di spese condominiali, luce, riscaldamento, tasse, ecc.

Un consiglio importante: prima di acquistare un immobile liberati del maggior numero delle spese superflue.

Eliminare le spese superflue prima di acquistare un immobile ti sarà utile per avere della liquidità senza la quale non potrai mai stipulare un mutuo. Maggiore e' la copertura liquida che si possiede e minore e' l'importo del mutuo che dovrai richiedere e minore sarà l'interesse da pagare con conseguente risparmio di denaro.

Le prime tre regole per acquistare un immobile.

Le prime tre regole degli investimenti immobiliari sono: "location, location e location", questo per dirti che le valutazioni sul prezzo di acquisto sono molto meno importanti rispetto alla posizione dell'immobile. Un immobile pagato anche poco in una brutta posizione non acquisterà valore nel tempo mentre un immobile, anche pagato molto, ma acquistato in una ottima posizione, non solo non perderà valore nel tempo ma e' molto facile che ne acquisti ulteriormente.

Risparmiare nelle spese alimentari

Le spese alimentari rappresentano il terzo tipo di spesa dopo le spese per abitazione e per il trasporto. Il tipo di spesa alimentare differisce dalle precedenti due in quanto e' una spesa che avviene praticamente ogni giorno.

Invece di ridurre, come si fa con le prime due spese, puoi diminuirle migliorando le tue abitudini.

Le spese alimentari possono essere notevolmente ridotte soprattutto se sei abituato a pranzare fuori casa; in questo caso puoi scegliere ristoranti meno costosi. Puoi anche iniziare a cucinare a casa ed evitare di fare colazione al bar.

Si possono risparmiare soldi coltivando ortaggi nel proprio giardino o anche evitare di buttare via cibo riutilizzandolo attraverso altre gustosissime ricette.

Anche l'utilizzo di cibi preconfezionati o surgelati

può farti risparmiare. Questi cibi mantengono sempre elevate qualità organolettiche, vitaminiche e nutrizionali.

Usa meno l'auto

Anche se le spese per l'abitazione sono quelle che incidono di più nelle spese personali e' meglio cominciare a risparmiare sui trasporti. Perché? Perché e' la maniera più veloce.

Per ottenere un risparmio nelle spese d'alloggio occorrono dei mesi mentre e' molto più veloce ridurre i costi dei mezzi di trasporto.

Le spese di un'automobile non sono solo quelle di acquisto ma anche quelle di manutenzione; l'automobile ha un costo anche se la tieni ferma in garage.

La prima cosa da fare, se proprio non vuoi rinunciare all'automobile, è quella di acquistare un veicolo che risponda effettivamente alle tue esigenze e non di più. La maggior parte delle persone non compra un'automobile sulla base delle proprie necessita', la compra perché la vuole.

Anche se possiedi un'automobile puoi adoperarla solamente quando ti e' più necessario. E' possibile verificare quali sono gli spostamenti di cui hai bisogno per la maggior parte della tua vita e decidere se per raggiungere quel determinato luogo è necessario usare l'automobile o possiamo, viceversa, utilizzare altri mezzi quali bicicletta, mezzi pubblici oppure andare anche a piedi.

Acquistare un veicolo ulteriore, moto o scooter ad esempio, con consumi minori per non utilizzare l'auto e' doppiamente sbagliato. E' un falso risparmio. E' vero che consuma meno, anche perché riduce i tempi di spostamento causati dal traffico, ma rappresenta comunque un ulteriore centro di costo (acquisto, manutenzione, accessori, bollo, assicurazione, costi di rimessaggio, ecc.).

CAPITOLO 7

Reddito

Le entrate sono importanti

Sino ad ora abbiamo parlato di come riuscire a migliorare la nostra situazione economica basandoci sulla riduzione delle spese. Dobbiamo ora incominciare a capire come aumentare le entrate.

Per la maggior parte della gente, guadagnare di più significa gestire efficacemente una carriera: trovare il lavoro giusto, imparare a chiedere un aumento, e così via.

Altri possono aumentare il loro reddito con la vendita di cose che possiedono, perseguendo hobby o iniziando a creare proprie aziende.

Di seguito analizzeremo quali sono i modi migliori per conseguire grandi successi dal punto di vista finanziario.

Migliorare le tue conoscenze

Investire nella conoscenza. Come diceva Benjamin Franklin "La conoscenza e' quell'investimento che dà i dividendi maggiori".

Le ricerche dicono che le persone con un grado di istruzione maggiore sono quelle che guadagnano di più, hanno cioè un maggior ritorno finanziario dal proprio investimento in tempo e denaro.

Valuta di ritornare a scuola per "reinventarti", magari iscrivendoti a dei corsi che in questo momento possono dare maggiori garanzie di occupazione e maggiori entrate. Il mondo cambia. Se vedi che l'attività per la quale hai studiato non ha più un mercato conviene pensare di trovare altri settori.

Meglio ancora se individui quelli che sono i settori in espansione e ti crei un tuo personale percorso di formazione. Acquisire nuove abilita' (Skill) non e' poi così difficile. Nel suo libro "The First 20 Hours: How to Learn Anything ... Fast" l'autore, Josh Kaufman, offre un percorso per acquisire maggiori skill in breve tempo utile per apprendere delle nuove conoscenze necessarie alla maggior parte delle persone.

Una caratteristica delle persone di successo e' la proattivita'. Sono cioè quelle persone sempre attente a come reagire, precedendo in anticipo, al mutamento delle condizioni future.

Avere un secondo lavoro

Trovare un secondo lavoro e' una opportunità che tutti possiamo avere e con la quale e' possibile aumentare le proprie entrate. Avere un secondo lavoro e' molto più semplice da pianificare e molte volte produce meno stress del lavoro principale.

Ovviamente questo sarebbe come "curare il sintomo ma non il problema". Un secondo lavoro deve poter essere un piacere, un hobby che, oltre a farci divertire, ci consente anche di guadagnare qualche cosa in più.

Esistono siti come "Fiverr", "99design", "eLance" o altri ancora nei quali e' possibile sfruttare delle abilita' e passioni che abbiamo e che permettono di guadagnare anche qualche cosina.

Negoziare il proprio salario

Per la maggior parte della gente, negoziare il proprio salario può essere imbarazzante. Questo pero' e' un aspetto da non sottovalutare, infatti bastano pochi minuti per poter migliorare la propria situazione economica, basta sapere come fare.

Ci sono cinque regole da seguire per negoziare il tuo salario:

1. Per prima cosa non trattare mai lo stipendio se ancora non ti e' stata fatta l'offerta di un posto di lavoro. Il processo di assunzione consiste principalmente in due fasi: valutazione e monetizzazione. Se si e' ancora in fase di valutazione e' sbagliato parlare di denaro.

2. Non essere mai il primo a fare una richiesta, questo può sembrare a volte difficile ma bisogna prepararsi in anticipo.

3. Quando si riceve l'offerta che la controparte ci sta proponendo allora ripeterla facendola seguire da silenzio; in questo caso e' facile che la controparte la incrementi.

4. Successivamente rilanciare l'offerta con una proposta che sia supportata da elementi di mercato, altri precedenti che magari l'azienda stessa ha messo in atto per posizioni simili.

5. Infine bloccare il prezzo dell'offerta e iniziare a negoziare su aspetti quali i benefit.

La negoziazione del proprio salario e' una delle vie migliori per migliorare la propria posizione finanziaria. Inoltre può avere molta importanza per le successive negoziazioni stabilendo un punto di partenza per salari futuri.

Siate preparati a dimostrare che con il vostro lavoro avete portato enormi benefici rispetto a periodi precedenti, fornite dati e percentuali.

Durante il colloquio-intervista non lamentatevi del carico di lavoro, non paragonate il vostro lavoro con quello degli altri, enfatizzate i vostri punti di forza, siate positivi e professionali.

Nel caso invece foste già impiegati e voleste chiedere un aumento, il momento migliore per farlo e' quello immediatamente dopo il raggiungimento di un obiettivo o dopo un successo aziendale.

Se volete apprendere di più, e in maniera veloce, potete anche consultare la mia pubblicazione "Negoziare il proprio salario".

Vendere le proprie cianfrusaglie

Un altro modo per aumentare le entrare consiste nel vendere le proprie cose che non ci servono più. La via migliore e' quella di vendere tramite i siti specializzati o su ebay o Amazon. Oltretutto in questa maniera ti liberi di cose che ti possono essere di intralcio guadagnando così dello spazio, e lo spazio costa.

Se vuoi apprenderne di più e in maniera veloce puoi anche vedere la mia pubblicazione "Vendi le tue cianfrusaglie"

Diventa creativo

Oltre alle vie fin qui descritte si possono incrementare le proprie entrate creando una impresa a lato di una attività principale. Si può utilizzare il proprio hobby e, in qualità di esperto, trovare qualche cosa che possa farti guadagnare. Tieni presente che la maggior parte delle imprese e' destinata a fallire abbastanza presto; e' quindi bene non investire, inizialmente, molto tempo e denaro poi, col tempo, se l'attività prende piede, si possono prendere decisioni diverse. <u>Partite piccoli</u>.

Usa la fantasia per individuare cose che ti piace fare, che agli altri possono interessare e che possono essere disposti a pagare.

CAPITOLO 8

Costi/Opportunità

Comprare esperienze, non cose

Ogni volta che tu fai una scelta, questa ha un costo. Scegliendo di fare una cosa, automaticamente, rinunci a qualche cosa d'altro.

Questo concetto, sempre praticato nel settore finanziario di una azienda, non viene tenuto in considerazione quando si tratta delle proprie finanze personali.

Ogni volta che si spende denaro è per impegnarlo in un progetto. Vale il detto "Un soldo risparmiato e' un soldo guadagnato".

Spendere in maniera cosciente significa che quando compi l'azione di spendere sai esattamente quello che stai facendo; non compi un'azione in maniera automatica.

Ci sono invece vari esempi di spese che si fanno e che non hanno un senso: come spendere denaro per iscriversi ad una palestra in cui non andremo mai, acquistare capi di abbigliamento solo perché ci piacciono sapendo che non avremo l'occasione di indossarli.

Il significato di queste spese inconsce è rilevante. Stiamo sacrificando il futuro per il piacere di oggi.

Con la spesa conscia invece si chiede a sè stessi di valutare "perché sto comprando questa cosa?", "Mi renderà felice?", "Spendendo questi solidi riuscirò comunque a raggiungere i miei obiettivi?".

La spesa conscia ti forza a diventare più consapevole di ogni acquisto che tu fai.

In accordo con quanto sostenuto dall'imprenditore James Altucher e dallo psicologo Richard Wiseman il modo migliore per spendere denaro consiste nel comprare esperienze, non cose. Sia che si tratti di viaggi, libri, corsi o altre attività, il denaro speso in esperienze dà maggiori gratificazioni e migliori ritorni rispetto al denaro speso in cose.

CAPITOLO 9

Risparmiare

Come e perche' risparmiare

Fin qui abbiamo analizzato come gestire e migliorare le spese e le entrate. A questo punto si deve decidere come usare il profitto.

La prima priorità deve essere quella di cancellare i debiti. Eliminando i debiti, contemporaneamente eliminerai le preoccupazioni economiche e finanziarie creando ulteriore profitto.

Successivamente userai questo ulteriore profitto per migliorare la tua situazione economica a breve termine. Potrai intraprendere attività di small business oppure frequentare corsi professionali per migliorare la tua posizione lavorativa e finanziaria.

Uscire dal debito

Prima di ripagare il tuo debito devi aumentare il profitto. Fai della riduzione del debito la tua priorità.

Ridurre il debito ha anche degli aspetti positivi secondari:

- **Semplicità**. Meno debiti significa anche meno conti da tenere sotto controllo, meno conti da tenere sotto controllo significa avere più tempo a disposizione.

- **Flusso di cassa**. Minore debito significa avere più denaro circolante per finanziare le tue attività .

- **Libertà**. Quando hai debiti mensili a cui fare fronte significa che sei troppo legato al tuo lavoro.

- **Pace mentale**. E' l'aspetto più positivo di tutti. Quando tu non hai debiti la tua vita potrà migliorare, avrai meno pensieri, dormirai meglio e le relazioni con la tua famiglia saranno più serene.

Alcuni libri sull'argomento raccomandano la strategia chiamata "debt snowball".

The Debt Snowball.

Questo metodo consiste nell'annullare il debito con uno specifico ammontare di contante ogni mese. Il progresso e' lento quindi, prima cominci e più veloce sarà l'annullamento del debito.

- Il primo passo consiste nel fare un elenco dei debiti.

- Poi includere il saldo dovuto, il tasso di interesse e il pagamento mensile.

- Organizza la lista sulla base del debito con l'interesse più alto e giù a scendere.

- Fatto questo, fare la somma della colonna "Pagamento mensile". Si avrà così la possibilità di conoscere quant'e' il totale dei pagamenti mensili.

- Successivamente impostare quanto si può

pagare ogni mese per affrontare la somma indicata. Questa somma deve essere maggiore di quella del totale dei pagamenti mensili.

- Ora abbiamo due numeri: la somma dei pagamenti rateali mensili e l'importo che siamo disposti a pagare mensilmente per ridurre il debito (ricordo che questo ultimo numero deve essere superiore alla somma mensile totale dovuta).

- Fatto questo dobbiamo pagare tutte le rate mensili fino alla prima, quella con il rateo più alto alla quale pero' dobbiamo pagare l'intera differenza mensile. In pratica si deve pagare mensilmente di più di quello che ci e' richiesto facendo in modo di estinguere prima il debito più grosso. Proseguire poi con la stessa procedura per gli altri debiti che, di volta in volta, risulteranno al primo posto.

Ogni mese aggiornare la lista dei debiti.

Variante Snowball.
Le persone sono strane e quindi difficilmente

seguiranno i dettami proposti   sopra. Per questo la pura matematica deve poter fondersi con la psicologia.

La variazione che Dave Ramsey consiglia consiste nel procedere al contrario della Snowball tradizionale, cioè   eliminare prima i conti dai più piccoli al più grande. Questo porta ad una serie di piccole vittorie che stimolano ulteriormente la forza di volontà a proseguire per avere maggior successo.

Risparmiare per le emergenze

Dopo avere eliminato i tuoi debiti, i tuoi conti miglioreranno e avrai più denaro a disposizione.

Prima di pensare a obiettivi futuri e' bene preparare due tipi di fondi personali: il fondo di emergenza e il fondo opportunità.

1. Il **fondo di emergenza** e' un accantonamento di denaro da utilizzare in caso di emergenze. Gli studi hanno dimostrato che coloro che predispongono un fondo per le emergenze sono più propensi a non accumulare debiti. Il fondo di emergenza può essere considerato come una assicurazione a buon mercato. Il fondo di emergenza e' un cuscino a protezione di errori o piccole crisi.

2. Il **fondo opportunità** serve per avere del denaro a disposizione in caso si presenti una

opportunità. E' difficile prevedere il futuro, anzi impossibile; il fondo di opportunità serve per avere del denaro da parte per cogliere delle opportunità inattese. E' come avere dei soldi da parte per qualcosa che ancora non si conosce ma che, quando questo qualcosa capita, ne possiamo approfittare senza dover chiedere dei prestiti.

Obiettivi di risparmio

Molte persone mettono da parte il loro denaro con lo scopo di raggiungere diversi obiettivi e poi depositano i loro risparmi in un unico conto. In questa maniera si perde di vista il risultato di risparmio per ciascun obiettivo. E' meglio accantonare i soldi per ogni obiettivo nel relativo conto di risparmio. Così facendo si riesce immediatamente a capire lo stato di avanzamento verso ciò che si desidera realizzare. Se ciò non fosse possibile allora tenere una contabilità per ogni obiettivo/subconto le cui somme parziali rappresentano il totale del conto. Come detto all'inizio del libro, se hai un software di money management e' molto più semplice gestire i tuoi conti senza perdere la visione generale della salute delle tue finanze.

CAPITOLO 10

Pensieri finali

Una filosofia di vita

A questo punto sei arrivato alla fine del percorso che ti ha portato dall'avere dei debiti ad avere una situazione finanziaria migliorata. Hai imparato a gestire le tue finanze nel migliore dei modi ma soprattutto ad avere delle abitudini positive in merito alla gestione del denaro.

Adesso potresti anche pensare di fare degli investimenti per accrescere il tuo capitale.

Potresti anche pensare di apprendere da questo libro un nuovo stile di vita. Per questo inserisco di seguito un passaggio tratto dal libro di Tim Ferris "4 ore alla settimana":

"Un uomo americano, su ordine del medico, si concesse una vacanza in un piccolo villaggio costiero messicano. Incapace di prendere sonno dopo avere ricevuto una telefonata urgente dall'ufficio, si avvio' verso il molo per schiarirsi le idee. Lì era attraccata una minuscola imbarcazione con un solo pescatore, carica di tonni pinna gialla. L'americano si complimentò con il messicano per la pesca.

"Quanto ci hai messo a pescarli?" domandò l'americano.

"Pochissimo tempo" rispose il messicano in un inglese sorprendentemente buono".

"Perché non sta fuori di più e prende più pesce?" domandò allora l'americano.

"E' sufficiente per sostenere la mia famiglia e regalarne un po' agli amici" disse il messicano mentre li scaricava in una cesta.

"Ma … cosa fai il resto del tempo?".

Il messicano alzò lo sguardo e sorrise. "Dormo fino a tardi, pesco un po', gioco con i miei figli, faccio una siesta insieme a mia moglie Julia, e giro per il villaggio ogni sera, dove bevo vino, e suono la chitarra con i miei amigos. Ho una vita piena e impegnata senor."

L'americano rise e si allungò in tutta la sua statura. "Signore mi sono laureato a Harvard con un Master in

Business Administration e posso darle una mano. Dovrebbe dedicare più tempo alla pesca e in questo modo potrebbe acquistare una barca più grande. In un attimo, con l'aumento dei profitti, potrebbe comperare numerose barche. Alla fine avrebbe una flotta di pescherecci."

Proseguì. "Invece di vendere quello che pesca ad un intermediario, potrebbe vendere direttamente ai clienti, e alla fine potrebbe vendere aprire un conservificio. Controllerebbe il prodotto, la lavorazione e la distribuzione. Naturalmente dovrebbe lasciare questo piccolo villaggio costiero di pescatori e trasferirsi a Città del Messico, poi a Los Angeles e infine a New York dove potrebbe gestire la sua impresa in espansione con un management appropriato."

Il pescatore messicano domandò "Ma senor, quanto ci vorrà per tutto questo?"

Al che l'americano rispose: "Quindici, vent'anni. Massimo venticinque."

"E poi, senor?"

L'americano rise e disse: "Questa è la parte migliore. Al momento giusto, lancerebbe una IPO e venderebbe le azioni della sua società al pubblico diventando veramente ricco. Farebbe i milioni."

"Milioni, senor? E poi?"

"A quel punto potrebbe ritirarsi e trasferirsi in un piccolo villaggio costiero di pescatori, dove potrebbe dormire fino a tardi, pescare un po', giocare con i suoi figli, fare una siesta insieme a sua moglie e girare per il villaggio la sera, per bere vino e suonare la chitarra insieme ai suoi amigos ..."

www.ingramcontent.com/pod-product-compliance
Lightning Source LLC
Chambersburg PA
CBHW070828180526
45168CB00002B/770